새생명 전도/새신자 교육 시리즈 5 단계

어느 종교가 진짜일까?

새생명 전도/교육 소책자 시리즈 05

어느 종교가 진짜일까?

초   판 ㅣ 제 1쇄 2007.08.20
개정증보판 ㅣ 제 1쇄 2012.06.15

지은이 ㅣ 정성민
펴낸이 ㅣ 정성민
펴낸곳 ㅣ 푸른초장

등록번호 ㅣ 제387-2005-00011호(2005년 5월 17일)
소재지 ㅣ 경기 파주시 광탄면 분수리 350-3번지
TEL 031) 947-9753 (푸른초장), 010-6233-1545
출판유통 ㅣ 하늘유통 031) 947-7777, FAX 031) 947-9753
인쇄처 ㅣ 예원

책값은 뒤표지에 있습니다.
ISBN 978-89-92817-40-0   03230

독자의 의견을 기다립니다.
sungjeong@hotmail.com

어 느 종 교 가 진 짜 일 까 ?

WHICH RELIGION IS THE ULTIMATE ONE?

　새로운 신자를 위한 전도와 교육을 위해 새생명전도 10단계 시리즈를 출간하지 벌써 5년이 되었습니다. 그동안 많은 목회자를 통해서 이 책이 새신자의 전도와 교육을 위해서 유용하게 사용되어지고 있다는 소식을 접하였습니다. 정말 이 책을 사용하여 주시는 하나님께 감사할 따름입니다.

　본래 비신자들에게 복음을 전하기 위해 쓰여 진 [예수! 그가 다가온다]와 초신자들에게 기독교 신앙을 쉽게 설명해주기 위해 쓰여 진 [예수! 그를 만나다]를 통합하면서 새신자전도와 교육을 위한 10단계 시리즈를 만들게 되었습니다. 각각 주제에 맞는 부분들을 두 권의 책에서 뽑아서 10권의 소책자를 아래와 같이 구성하게 되었습니다.

많은 분들이 인터넷 서점 독서평을 통해서 말씀해주신 대로 이 소책자 시리즈는 비신자들이 지니고 있는 기독교에 대한 의구심을 객관적으로 설명하였습니다. 또한 각각의 주제를 소책자 분량으로 편집하여 책을 읽는 즐거움을 더하였습니다.

이 소책자 시리즈는 신앙의 기초가 약한 성도들에게도 체계적인 교리를 가르쳐주기에 새신자들을 위한 성경공부 안내서가 될 것입니다. 다음으로 다양한 주제를 다루고 있기에 비신자들의 진리에 대한 갈망을 해소 시켜줄 수 있습니다. 그래서 태신자 전도, 오이코스 관계전도, 그리고 알파코스와 같은 전도를 위한 다양한 프로그램이나 세미나에 유용한 책자가 될 수 있습니다. 아니면 대학부나 청년부 성경공부 교재로도 쓰일 수도 있음을 기억해주시길 바랍니다.

독자들의 이해를 돕기 위해 인터넷 서점 인터파크에 올려 진 소책자에 대한 서평 하나를 소개해드립니다.

이 책은 소책자입니다. 크기도 작습니다. 분량이 적습니다. 그래서 아마 읽기 전에는 내용이 얕거나 부실 할 것으로 생각이 될 겁니다. 그러나 예상과 달리 내용은 상당히 좋습니다. 깔끔합니다. 핵심만 분명히 전합니다. 이 책(소책자 시리즈 4권)에서는 악의 문제를 잘 다루고 있습니다. 악의 문제에 대해 간결하게 핵심만 다룹니다. 그와 관련된 의심을 명쾌히 정리하고, 답변 해 줍니다. 시리즈의 제목은 '새생명 전도 시리즈' 라서 내용이 새신자 수준에 맞춰져 있을 것이라 예상 될 겁니다. 그러나 시리즈명과는 어울리지 않게 내용이 꽤 심도 있습니다. 그렇다고 많이 깊어서 이해하기 어려운 건 아닙니다. 너무 얕지도 않고 딱 좋습니다. 그래서 새신자는 물론 기존 신자도 읽으면 좋습니다. 악의 문제에 대해서 다른 책을 볼 필요 없이 이 책 한 권으로 기본적인 정리를 할 수 있을 것입니다.
[인터파크 서평 중에서]

본 새신자전도 및 교육을 위한 10단계 시리즈는 새생명전도 10단계 시리즈의 개정증보판입니다. 이 개정증보판은 전체적인 내용이 원판과 거의 동일합니다. 하지만 설명이 더 필요한 곳에 좀 더 내용을 보강하였고, 각 권의 마지막 부분에 필요에 따라 부록을 첨부하였습니다. 각 권의 주제와 연관된 방송원고, 설교, 신학적인 글을 추가한 것입니다. 혹시 부록이 부담스럽거나 이해하기가 힘든 분들은 그냥 읽지 말고 넘어가시어도 좋습니다. 본 개정증보판은 책 표지와 내지의 디자인을 새롭게 구성하였습니다.

바라는 것은 이 소책자 시리즈가 한국교회의 부흥과 성숙을 위해 크게 쓰임 받는 것입니다. 마지막으로 이 모든 것을 허락해주신 풍성한 은혜의 하나님께 영광을 올립니다.

"깊도다 하나님의 지혜와 지식의 풍성함이여, 그의 판단은 헤아리지 못할 것이며 그의 길은 찾지 못할 것이로다.... 이는 만물이 주에게서 나오고 주로 말미암고 주에게로 돌아감이라 그에게 영광이 세세에 있을지어다. 아멘." (로마서 11:33, 36)

2012년 3월 20일

저자 정성민 교수

CONTENTS

차 례

Story of the Ultimate Religion

궁극적인
종교 이야기

어우러져 살도록 설계된 세상

종교란 무엇일까?

기독교와 불교는 무엇이 다른가?

기독교와 유교는 무엇이 다른가?

과연 어느 종교가 궁극적인 종교인가?

기독교의 창시자, 예수의 비범성

하나님이 세상을 처음 창조하실 때 인간은 하나님의 형상대로 지음을 받은 선한 존재이었습니다. 에덴동산에서 살던 최초의 인간들은 선한 사람들이었습니다.

최초의 인간들은 자신을 만드신 창조주 하나님을 사랑하고 의지하며, 그에게 순종하는 축복받는 존재이었습니다. 그들은 자연을 보호하고 사랑할 줄 아는 사람들이었습니다. 아담과 하와는 서로를 아끼고 사랑하였습니다.

인류의 절망

그러나 하나님께 불순종하면서부터 인간은 소외를 경험하게 됩니다.

"하나님께서 말씀하셨습니다. 네가 벌거벗었다고 누가 말해 주었느냐? 네가 먹지 말라고 한 나무 열매를 먹었느냐? 아담이 대답하였습니다. 하나님이 저에게 주신 여자가 그 나무 열매를 줘서 먹었습니다." (창 3:11-12)

하나님의 명령에 불순종한 죄로 인해 인간과 하나님 사이의 관계가 파괴되었습니다. 인간은 타락 이후 악한 존재로 전락하였습니다. 종교개혁 당시 루터와 칼빈은 인간 성품의 "전적인 타락과 선을 행할 능력 없음"을 주장했습니다.

17-19세기의 유럽인들은 창조주 하나님에 대한 믿음을 포기하였고, 예수님을 하나님의 아들이 아닌 단지 도덕 선생님으로 전락시켰습니다. 예수는 도덕적 모델인 세계 4대 성인(예수,공자,소크라테스,석가모니)중 하나에 불과했던 것입니다.

이러한 계몽주의시대에 사람들은 인간의 선함을 강조하면서 인간 스스로의 힘으로 지상낙원을 건설하려는 꿈을 가졌습니다. 하지만 현대인들의 오만한 생각을 산산이 부서버린 사건이 발생했습니다. 바로 1914-1919년 동안 발생한 1차 세계대전이었습니다. 인간의 선함을 전제로 하던 모든 철학과 신학적 흐름에 일대 전환이 왔습니다.

"역시 인간은 악하구나!"
"인간은 스스로의 힘으로 이 땅에 파라다이스를 만들 수 없구나!"

"하나님은 살아계셔서 인간을 심판하시는 분이구나!"

이러한 깨달음을 갖게 되었던 것입니다. 그러나 여기서 끝이 아니었습니다. 얼마 지나지 않아 히틀러가 출현하고 유대인 대학살이 이루어지고, 일본 히로시마와 나가사키에 원자폭탄이 투하되었습니다.

이 모든 참극은 인간이 얼마나 악한 존재인지 생생하게 증명해 주었습니다. 이후 지상낙원을 꿈꾸던 공산주의 역시 비극적 결론으로 끝나고 말았습니다. 이 모든 사건들을 통해 인류는 인간의 사악함과 무능력을 철저히 깨닫게 되었던 것이지요.

하나님을 떠난 인간

인간은 하나님과의 분리로 인해 영적인 죽음의 상태에 있습니다. 영적 죽음의 결과 하나님의 음성을 들을 수 없게 되었으며, 육의 눈만 갖고 있기에 하나님을 볼 수 없게 되었습니다.

그런데 영적으로 죽은 시각장애인이요 청각장애인인 인간들이 거꾸로 살아계신 하나님을 죽었다고 말합니다. 자신의 눈멀

음과 귀먹음은 깨닫지 못하고 살아계셔서 온 우주와 인류의 역사를 다스리시는 하나님을 죽은 존재로 치부해 버립니다. 진화론, 공산주의, 니이체와 사르트르의 무신론적 철학 등은 엄연히 살아계신 하나님을 부인하는 아이러니한 주장들입니다.

하나님과의 분리, 곧 소외된 관계는 인간에게 또 다른 소외의 문제를 불러 일으켰습니다.

자연을 학대하는 인간

인간의 타락과 함께 자연도 저주를 받아 고통당하며 신음하고 있습니다. 정글이나 초원의 모든 짐승들은 먹이 사슬의 고리에 매여 서로 죽고 죽여야만 하는 피 흘림의 고통을 겪고 있습니다. 강이나 바다 속의 물고기들, 그리고 하늘의 새들도 약육강식의 저주아래 신음하며 하루도 마음 편하게 잠을 자지 못합니다. 인간은 이러한 자연을 불쌍히 여기며 상생하는 길을 찾아야 하는데 현실은 정반대입니다. 인간의 문명은 항상 자연을 착취하고, 고갈시키고, 이용하기만 하였습니다.

하나님을 떠난 타락한 인간의 창조성은 항상 문제가 있습니

다. 하나님의 창조는 건전하고 피조물을 살리는 것이지만 인
간의 창조는 인간들만을 위한 철저히 이기적인 것입니다. 인간
의 창조는 대체로 하나님을 대적하고 자연을 파괴하는 성향을
갖고 있습니다. 인간이 만든 자동차, 냉장고, 세탁비누, 샴푸
등 그 모든 인간의 필수품들은 자연을 파괴하고 지구를 병들게
하였습니다. 이제 인간은 유전자 조작에 의해 생명의 주인이
신 하나님을 대적하면서 창조세계의 질서를 파괴할 것입니다.

이웃을 사랑하지 않는 인간

인간은 자신 이외의 사람들과도 소외된 채 지냅니다. 하나님
은 인간에게만 언어의 특권을 주셨습니다. 말하는 동물 인간
은 하나님과 대화가 가능한 존귀한 존재로 지음 받았습니다.
그러나 하나님이 떠난 이후로 인간의 언어는 축복의 언어라기
보다는 저주의 언어로 변질되었습니다. 우리는 입으로 거짓말
하고 욕하며 저주하길 즐깁니다. 사랑하고 격려하고 축복하기
보다는 이상하게도 비난하고 욕을 해야 마음이 시원해집니다.

참 이상합니다. 우리는 남에게 돈 빌려준 것은 자나 깨나 기
억이 나고 때론 묵상하며, 그 사람이 지나가면 마음이 이상해

지고 "언제 돌려줄까?" 조바심을 냅니다. 그런데 돈을 꾸어왔을 때는 또 다른 이상한 현상이 벌어집니다. "뭐 큰돈도 아닌데!" "나도 빌려줬다가 돌려받지 못한 적이 있었는데 뭘!" 이런 생각이 들면서 자신도 모르는 자기체면술과 함께 느긋해집니다.

웬수는 바로 나여!

우리는 우리 자신과도 분리된 상황을 경험합니다. 내 마음은 그게 아닌데 이상하게도 나쁜 마음으로 이끌려갑니다. 거짓말하고 싶지 않은데 나도 모르게 거짓말이 튕겨나갑니다. 자녀에게 잘하고 있다고 격려해주고 싶었는데 벌써 내 입은 "그것도 못하냐?"라고 빈정거리고 있습니다.

내 마음이 항상 전쟁 중에 있음을 내 자신이 목격합니다. 착하고 선하게 살고 싶은 마음과 이기적이고 악하게 살고 싶은 마음 사이에 전쟁이 벌어지는 것입니다. 왜 나는 내 마음 하나도 다스리지 못하는 것일까라는 회의가 들기까지 합니다.

"나도 이런 내가 싫다."
"정말 내가 왜 이러는 거야!"

내가 나 스스로에게 질책도 해봅니다. 정말 안타까운 일입니다.

일제시대 천재 시인이었던 이상의 '거울'이라는 시에 이러한 인간의 자아분열적인 면모가 잘 드러나 있습니다.

거울

거울 속에는 소리가 없소
저렇게까지 조용한 세상은 참 없을 것이오
거울 속에도 내게 귀가 있소
내말을 못 알아듣는 딱한 귀가 두 개나 있소
거울속의 나는 왼손잡이오
내 악수를 받을줄 모르는 — 악수를 모르는 왼손잡이오
거울 때문에 나는 거울속의 나를 만져보지를 못하는구료마는
거울이 아니었던들 내가 어찌 거울속의 나를 만나보기만 이라도 했겠소
나는 지금 거울을 안가졌소마는 거울 속에는 늘 거울 속의 내가 있소
잘은 모르지만 외로된 사업에 골몰할게요
거울 속의 나는 참 나와는 반대요마는 또 꽤 닮았소
나는 거울속의 나를 근심하고 진찰할 수 없으니 퍽 섭섭하오

내 속에 존재하는 또 다른 자아인 '나'는 내 말을 잘 알아듣지 못하고 나와 악수를 나눌 수도 없고 만져볼 수도 없고 급기야 내가 원하지 않는 어떤 일을 몰래 도모할 수도 있다는 자아분열과 자기모순의 고통을 표현한 시가 아닐까 싶습니다.

이 세상에서 가장 견딜 수 없는 것 중의 하나가 나 자신에 대한 실망일 것입니다. 나 자신과도 분리된 자아를 바라보면서 우리의 소외 의식은 증폭됩니다. 자신의 내면세계 속에 균열된 자아상은 때론 우울증으로 표출되기도 합니다. 우울증이 더 발전되면 정신질환, 더욱 심해지면 자살로까지 이어질 수 있습니다.

우울증은 최고급 현대병?!

의학전문가들은 2020년에는 우울증과 정신병이 가장 대표적인 질병이 될 것이라고 진단합니다. 20C 중반의 심리학자 롤로 메이(Rollo May)는 몇 년 전, 자신의 환자 대부분이 분열성 성격장애를 겪고 있다고 썼습니다. 그는 분열성 성격 장애는 우리 시대의 병이라고 말했습니다.

우울증은 인구 10명당 1-2명이 걸리는 정신질환입니다. 감기처럼 쉽게 잘 걸린다고 해서 "마음의 감기"라고 불리기도 합니다. 세계보건기구는 심장질환, 교통사고에 이어 우울증을 인류를 괴롭히는 3대 질환으로 선정하였습니다. 이제 2020년에는 우울증이 2위로 올라 설 것이라는 전망이 나오고 있습니다.

빌터 프랭클은 다음과 같이 말합니다.

"최근의 한 통계 조사에서 내가 맡고 있는 유럽계 학생의 25%가 다소 뚜렷한 실존적 진공을 보이고 있는 것으로 드러났습니다. 미국인 학생들 사이에서 그 비율은 25%가 아니라 60%였습니다."

선진국의 경우 인구의 60-70%가 어느 정도의 분열성 방향 상실을 겪고 있는 것으로 나타났습니다. 여기에는 우울증, 피로감, 스트레스, 중독 같은 질병 때문에 가정의를 찾는 수많은 사람들이 포함됩니다.

현대인의 소외된 마음은 하나님, 자연, 이웃과의 분리를 넘어서 결국 자기 자신과의 분열로까지 나아갔습니다.

인간의 가장 심각한 문제는 소외입니다. 하나님과 인간의 분리가 가장 근본적인 소외이며 동시에 소외의 출발점입니다. 하나님과의 소외를 경험하는 인간들은 방황하며 불안해합니다. 인간의 자기중심적이고 이기적인 속성이 관계성의 파괴를 불러오게 되고 결과적으로 인간은 스스로 소외 가운데 빠져들게 됩니다.

현대 신학자 틸리히는 종교를 궁극적인 관심에 사로잡힌 상태라고 말합니다. 그렇다면 인간들이 가져야 할 궁극적인 관심은 무엇일까요? 만약 인간이 지닌 근본적인 문제가 바로 소외의 문제라면 인간이 가져야 할 궁극적인 관심은 바로 소외의 극복이 되어야 할 것입니다.

소외를 기독교적으로 해석하면 결국 죄의 문제입니다. 인간의 죄가 하나님과 인간의 관계를 파괴시킨 것입니다. 인간의 죄로 인해 거룩하신 하나님은 인간을 떠날 수밖에 없었고, 하나님의 부재 속에서 인간은 불안과 절망 속에 휩싸이게 된 것입니다. 인간은 자신의 보호자가 사라진 상황 속에서 자기보호

본능을 극대화시켰습니다.

그 결과 선한 마음을 갖고 있었던 인간이 이기적이고 자기중심적인 인간으로 전락하게 된 것이지요. 그나마 선한 마음을 갖고 있는 사람들은 자신의 보호자를 찾아야한다는 생각을 하게 됩니다. 다시 말해 악에서 벗어나고픈 사람들은 종교를 찾아 헤매고 있습니다.

그러나 과연 어느 종교가 인간의 소외 문제를 해결해 줄 것인가?

인간의 소외 문제를 해결해 줄 종교가 있다면 그 종교가 바로 궁극적인 종교일 것이다.

기독교와 불교는 무엇이 다른가?

한국의 대표적인 종교는 유교, 불교, 기독교입니다. 불교는 B. C. 623년 4월 8일 북부 인도 카빌라국 시수서한에서 정반왕과 마야부인 사이에서 태어난 왕자 "석가모니"로부터 시작된 종교입니다. 석가모니는 B. C. 544년 80세 되던 해 음력 2월 15

일 쿠시나갈의 사리 쌍수 밑에서 마지막 열반경을 설파하고 열반에 들어갔습니다.

불교에서는 죄를 지으면 자신이 지은 죄보다 몇 갑절 더 죄 값을 치뤄야 하며, 인연에 따라 인과응보를 받아야 한다고 가르칩니다. 또한 해탈하고자 하는 인간은 108가지의 번뇌를 끊어야하며 고행과 참선을 통해 끊임없는 속죄를 해야 한다고 가르칩니다.

불교는 어떤 초월적인 신이나 절대자를 인정하지 않습니다. 불교에서는 만물은 저절로 생겨나서 변하다가 저절로 소멸되어 다시 공(空)으로 돌아간다고 가르칩니다. 그래서 불교는 창조주 하나님을 부정할 뿐만 아니라 인간이 깨달음을 통해 신이 될 수 있다고 믿는 종교입니다.

불교의 내세관은 윤회설이지만 극락과 같은 사후세계를 인정한다는 점에서 천국이 있다고 믿는 기독교와 비슷한 점이 있습니다. 하지만 불교의 내세관은 범신론적인 것으로서 기독교의 개인적이고 인격적인 영혼구원과는 전적으로 다릅니다. 불교는 인간의 영혼과 짐승의 영혼을 동일시하는 세계관을 갖고 있기 때문에 사람이 자신의 업보로 인해 개, 소, 돼지 등과 같은 짐승으로 다시 태어난다고 믿습니다.

이에 반해 기독교는 인간의 영혼은 짐승의 혼과는 질적으로 다를 뿐만 아니라 각자의 영혼은 다른 인간의 영혼들과 엄격히 구별된다고 가르칩니다. 그래서 전도서 기자는 "사람의 영은 위로 올라가고, 짐승의 영은 땅으로 내려가는 것을 누가 알겠는가?"라고 말합니다. (전 3:21)

비슷하지만 전혀 다른 점

기독교와 불교는 둘 다 개인적인 경건을 강조합니다. 기독교는 성도들의 영적인 성숙을 중요하게 여기기 때문에 기도와 말씀 그리고 금식을 통해 개인적인 경건, 즉 성화에 이르러야 한다는 점을 강조합니다. 불교도 불자들의 고행을 강조합니다. 득도하여 해탈의 경지에 이르기 위해 그들은 금욕하며 고행의 길을 걸어야 합니다.

기독교와 불교 둘 다 개인적인 경건을 강조한다는 점에서는 공통적이나 경건에 이르는 방법에 차이가 있습니다. 기독교는 전적으로 타력(他力)적인 구원을 제시하는데 비해 불교는 자력(自力)적인 구원을 가르칩니다. 불교는 신이나 어떤 절대적 존재에 의존하지 않고 자기 문제를 자기 스스로 풀어가면서 참된 인간의 모습을 스스로 깨우쳐가는 종교입니다.

그러므로 불교에서는 각 개인이 자기의 죄에 대한 책임을 스스로 져야합니다. 불자는 스스로 금욕하고 고행을 하여 득도하는 것입니다. 만일 그가 득도하여 해탈의 경지에 이르면 그는 신이 되는 것이지요. 그렇다면 불교의 창시자, 석가모니는 인류의 구원자라기보다는 단지 해탈의 길을 먼저 간 선배이자 스승일 뿐입니다.

그러나 기독교에서는 거룩함이나 성화의 경지에 이르기 위해 예수를 믿어야하고 그를 의지해야 합니다. 태초부터 타락한 인간은 스스로의 악함과 약함을 극복할 수 없는 존재인 것입니다. 그래서 예수 그리스도가 대신해서 피를 흘리신 것입니다. 누구든지 예수를 믿으면 죄에서 용서함 받고 거룩해집니다. 자신의 선행이나 도덕성에 의지해서가 아니라 하나님의 은총으로 성화에 이르게 됩니다.

기독교와 유교는 무엇이 다른가?

유교는 초월적인 하나님에 대한 신관이 없습니다. 또한 천국과 같은 사후세계에 대한 내세관도 없습니다. 기독교는 인간을 죄인으로 보기 때문에 죄를 용서하는 메시야가 필요한데 반해 유교는 인간의 선함에 대해 낙관적으로 생각하기에 예수와 같은 구세주를 따로 필요로 하지 않습니다. 유교는 인간의 도덕과 윤리를 강조합니다. 유교는 인간관계를 중요시하는 관계성의 종교입니다.

기독교도 역시 인간관계를 중요시하지만, 하나님과의 수직적인 관계를 우선시하는 점이 유교와 크게 다른 점입니다. 기독교의 십계명 중 첫째에서 넷째 계명까지는 인간과 하나님과의 관계를 다룹니다. 그리고 다섯 번째 계명에서 열 번째 계명은 인간과 인간과의 관계를 다룹니다. 이에 대해서 예수님도 이렇게 말씀하십니다. "예수님께서 그에게 대답하셨습니다. '네 모든 마음과 모든 목숨과 모든 정성을 다해서, 네 하나님을 사랑하여라.' 이것이 가장 중요하고, 우선되는 계명이다. 두 번째 계명은 '네 이웃을 네 자신처럼 사랑하여라.'인데 이것도 첫째 계명과 똑같이 중요하다." (마 22:37-40)

기독교에서는 인간관계도 중시하지만 하나님과의 수직관계를 더 중요하고 우선시되어야 할 관계로 봅니다. 또한 하나님과의 관계는 반드시 인간관계를 통해 완성이 되어야 한다는 것이 기독교의 신앙입니다.

공자는 유교의 가르침을 제시한 도덕선생입니다. 물론 예수님도 인간으로서 어떻게 살아야하는지를 가르쳤고 또한 몸으로 살신성인하여 모범을 보여준 도덕선생입니다. 하지만 도덕선생에 머물러 있는 공자와 달리 예수는 하나님과 인간의 관계를 중재하는 하나님의 아들이라는 종교적 특성이 있습니다.

또한 기독교는 이웃사랑의 기초를 자신의 인격에 두는 것이 아니라 하나님의 사랑에 둔다는 점에서 유교와는 전적으로 다릅니다. 유교는 성선설의 입장에서 삶의 원리나 원칙을 제시하지만, 기독교는 타락 후 성악설적인 입장에서 은총적인 윤리를 제시합니다.

즉 타락 후 인간은 근본적으로 악한 속성을 갖게 되었습니다. 이제 인간 스스로가 선하게 살 수는 없습니다. 선한 사람이 되기 위해선 먼저 사랑을 받고 변화되어야 합니다. 그러므로 기독교 윤리는 예수님의 사랑을 먼저 입은 후에 그 사랑에 감격하여 다른 사람을 사랑하게 될 때 가능해집니다.

발열체의 한계가 유교의 한계

유교의 입장에서 인간의 윤리는 인간 스스로 빛과 열을 발하는 태양과 같은 "발열체"입니다. 하지만 기독교의 입장에서 인간의 윤리는 하나님이 비춰주신 사랑을 단지 반사하기만 하는 달과 같은 "반사체"에 불과한 것입니다.

기독교 입장에서는 타락 후 인간의 선함과 도덕성은 거의 무기력한 상태라고 봅니다. 바울은 "의인은 한 사람도 없다." (롬 3:10)라고 주장하며 동시에 "모든 사람이 죄를 지어 하나님의 영광에 이르지 못하게 되었습니다." (롬 3:23)라고 말합니다.

덴마크의 유명한 철학자 키에르케고르는 인간의 윤리를 자신의 위선을 가리기 위한 '가면'으로 보았습니다. 05년 11월 24일자 국민일보 신문에 "억세게 운 좋은 칠면조"라는 기사가 실렸습니다. 조지 부시 미국 대통령이 11월 22일 백악관에서 추수감사절을 앞두고 칠면조 사면 식을 거행한 것이었습니다. 칠면조 사면 식은 추수감사절 식탁에 오를 약 4500만 마리의 칠면조 중 한 마리만을 골라 살려주는 행사입니다.

이 행사는 1947년 해리 트루먼 대통령 때 대량도살의 죄책감을 덜기 위해 시작된 것입니다. 올해의 사면대상은 마시마로우 라는 이름을 가진 칠면조가 선정되었습니다. 43,999,999 마리 칠면조를 도살하고 그 죄책감을 덜기 위해 한 마리 칠면조를 살려주는 행사를 하는 인간의 도덕이라는 것은 결국 가면에 불과합니다.

성도의 발열체는 예수 그리스도

공자의 인(仁)과 예수의 사랑은 사람을 사랑한다는 점에 공통점이 있습니다. 그러나 그 정신을 실천하는 방법이나 정도에서 차이가 있습니다. 공자의 인 사상에 있어서 인간관계의 원칙은 서(恕)입니다. 서(恕)는 나를 미루어 남을 생각하는 태도로 "내가 바라지 않는 일을 남에게 행하지 말아야 한다."는 말에 잘 나타납니다. 공자는 서(恕)를 우리가 종신토록 실천해야 할 원칙이라고 말합니다. 공자의 仁의 실천방법인 恕는 인간관계의 소극적인 측면입니다.

예수는 "남에게 대접을 받고자 하는 대로 너희도 남을 대접하라 (마태복음 7:12)"는 황금률을 통해 사랑의 적극적인 실천방법을 제시합니다. 또한 예수는 비폭력을 주장하며 원수까지도 용서하고 사랑하라는 아주 비범한 사랑을 가르칩니다.

예수의 사랑은 자기희생을 의미하는 원수 사랑을 이야기하지만 공자의 인 사상 안에는 원수 사랑의 개념이 없습니다. 공자는 가까운 이를 먼저 사랑하여 점차 이웃으로 확대하는 차등적 사랑을 말하고 있습니다. 예수의 황금률은 상호주의를 넘어서는 초월적인 사랑을 말하지만 공자의 서(恕)는 상호적인 관계에 기초한 인격적 사랑입니다. 그러므로 공자의 인과 예수의 사랑은 질적인 차이가 있다고 볼 수 있습니다.

과연 어느 종교가 궁극적인 종교인가?

창조주 하나님을 인정하지 않는 불교

불교는 세상과 구별되는 초월적인 하나님을 인정하지 않습니다. 불교의 범신론적 세계관으로는 인간은 자기 스스로의 노력으로 성자가 될 수 있을 뿐만 아니라 신이 될 수도 있습니다.

불교는 하나님이 세상 안에 있고, 세상이 하나님을 품기 때문에 인간이 하나님도 될 수 있다는 일원론적 사상을 가집니다.

2005년 해 초에 영국의 BBC와 한국의 KBS가 합작하여 세계의 종교를 비교하는 다큐멘터리를 방영하였습니다. 그 방송 중에 티벳의 고승이 출현하여 불교의 본질은 종교가 아니라 "철학"이라고 말하였습니다. 그 때에 필자도 그 고승의 진술에 깊이 동감하였습니다. 그렇습니다. 인간이 아무리 득도한다고 한들 어찌 하나님이 될 수 있겠습니까? 불교의 본질은 종교라기보다는 철학인 것입니다.

철학에 깃든 마귀의 장난

그렇다면 본질적으로 철학에 불과한 불교가 어떻게 종교로 둔갑할 수 있습니까? 불교의 창시자 석가모니의 원래 가르침은 자신의 욕심과 욕망을 제어하여 참다운 자유로운 인간이 되라는 철학적인 가르침인데, 수많은 불교신자들은 현세적인 축복을 받기 위해서 부처상 앞에서 손을 모아 빕니다. 매년 수능시험 기간에는 수많은 불자들이 그들의 자녀가 대학에 합격하게 해달라고 애걸하면서 기도합니다.

이들은 석가모니의 가르침과는 정반대의 길을 가고 있는 것입니다. 결국 마귀가 인간의 왜곡된 종교성을 통해서 철학을 종교로 만든 것입니다. 그러므로 불교의 배후에는 마귀라는 어둠의 영이 진치고 있습니다.

인간을 선하게 보는 유교의 실수

유교는 성선설을 바탕으로 윤리와 도덕을 강조합니다. 결국 유교의 본질은 종교가 아니라 윤리인 것입니다. 그런데 이러한 윤리가 어떻게 종교로 둔갑할 수 있을까요? 이 해답도 역시 영적으로 풀어야 합니다. 마귀가 인간의 왜곡된 종교성을 통해 윤리를 종교로 전환시킨 것입니다.

공자는 부모에게 효도하라고 가르쳤습니다. 부모 생전에 효를 다하지 못한 것을 회개하고 그들이 베풀어주신 사랑을 추모하는 의미에서 시작된 윤리적인 제사가, 후손들에 의해 왜곡되어 조상들로부터 축복을 달라고 비는 종교적인 제사가 되어버렸습니다.

조상을 추모하는 마음이 변질되어 조상신을 섬기고 그들에게 축복을 기원하는 기복신앙으로 전락한 것입니다. 공자의 진정한 가르침은 생전에 효도 하는 것인데, 생전에는 불효하고, 죽어 사라진 부모에게 밥상을 잘 차려놓고 축복해 달라고 졸라대는 유교적 제사는 결국 위선적인 윤리이자 기복신앙일 뿐입니다.

예수는 기독교의 창시자로서 다른 종교의 창시자에 비해 확연히 다른 비범성을 갖고 있습니다. 이제 예수의 비범성을 4가지 측면에서 제시하고자 합니다.

기독교의 창시자, 예수의 비범성

스스로 하나님의 아들이라고 주장

마호메트, 석가모니 그리고 공자는 그들이 살아있는 동안 자신들의 신성을 주장하지 않았습니다. 세계적인 종교의 창시자 중 예수만이 자신의 신성을 주장했다는 것은 매우 의미심장한 일입니다.

예수님은 이렇게 말씀하셨습니다. "나는 부활이요 생명이다. 나를 믿는 사람은 설령 죽는다 해도 살 것이며, 살아서 나를 믿는 사람은 그 누가 되었든지 결코 죽지 않을 것이다."(요 11:25-26)

기독교라는 세계적인 종교의 창시자로서 예수만이 자신이 하나님의 아들이라고 주장했다는 것은 참으로 뜻 깊은 일입니다. 예수는 자신 있게 자신의 정체성에 대해서 말합니다.

"나와 아버지는 하나이다." (요 10:30)
"나는 길이요 진리요 생명이다." (요 14:6)
"나를 본 사람은 아버지를 본 것이나 다름이 없다." (요 14:9)

죽음을 이기고 부활하심

예수의 신성은 그가 행하신 수많은 초자연적인 기적을 통해서 알 수 있습니다. 이 세상에 무덤을 남기지 않은 유일한 종교 창시자는 예수뿐입니다. 예수의 부활은 결코 갑작스럽게 일어난 사건이 아닙니다.

예수님은 죽기 전에 미리 자신의 죽음과 부활을 예언하였습니다. "요나가 삼일 낮, 삼일 밤 동안 꼬박 커다란 물고기 뱃속에 있었듯이 인자도 삼일 낮, 삼일 밤 동안에 땅 속에 있을 것이다." (마 12:40) 예수님은 자신이 하나님의 아들임을 자신의 부활을 통해 증명하신 것입니다.

성경 말씀이 예수님의 부활을 증거 합니다. 막달라 마리아와 또 다른 마리아가 예수의 부활을 눈으로 확인했고, 베드로가 또한 확인했습니다. 엠마오로 내려가는 두 제자, 12제자, 마가 다락방 120문도, 500여명의 성도들이 일시에 부활하신 예수를 직접 만났습니다.

그들은 부활하신 예수를 직접 만났기에 예수를 부인할 수 없었으며, 생명을 내어 놓고 죽는 순간까지 예수를 전했던 것입니다. 콜로세움 원형경기장에서 맹수의 밥이 되어 온몸이 갈기갈기 찢겨 죽으면서도 그들은 부활하신 예수를 부인할 수 없었습니다.

인류의 죄 문제를 해결하심 (소외문제)

예수는 자신이 죄를 사하는 권세가 있다고 주장합니다. "예수님께서 이 사람들의 믿음을 보시고, 중풍 병 환자에게 말씀하셨다. '아들아, 네 죄가 용서되었다." (막 2:5) "인자가 세상에서 죄를 용서할 수 있는 권세가 있다." (막 2:10) 그래서 세례 요한은 예수를 "세상 죄를 지고 가는 하나님의 어린 양"으로 고백하였습니다. (요 1:29)

유대인들은 하나님만이 인간의 죄를 사하실 수 있다고 생각했습니다. 따라서 유대인들은 인간의 죄를 사하는 권세가 있다고 감히 주장하는 예수를 불경죄로 몰기 시작하였습니다.

율법학자들과 바리새파 사람들이 속으로 생각하기 시작하였습니다. "이 사람이 누구인데 하나님을 모독하는가? 하나님 외에 누가 죄를 용서할 수 있단 말인가?"(눅 5:21) 예수는 자신이 하나님의 아들이고, 하나님의 아들로서 이 땅에 온 목적이 인간의 죄 문제를 해결하기 위해서라고 말씀하셨습니다.

만일 인류의 문제가 죄의 문제요, 소외의 문제라면 예수 그리스도는 인류를 위한 진정한 궁극적 존재가 되는 것입니다. 왜냐하면 예수만이 그의 생애를 통해 죄의 문제를 가장 심각하게 지적하셨고, 또한 죄의 문제를 해결하기 위해 십자가에서 피를 흘리는 죽음을 맞이하셨기 때문입니다. 모든 종교 창시자들 중에서 인류의 소외 문제를 해결하신 분은 오직 예수뿐이라는 사실을 우리는 깊이 깨달아야 합니다.

원수까지도 용서하고 사랑하심

예수는 공자의 인(仁) 사상을 넘어선 초월적 사랑을 가르칩니다. 예수의 사랑은 자기희생을 바탕으로 원수를 사랑하는 데에까지 나아갑니다. 공자의 인과는 질적인 차이가 있습니다. 더 중요한 것은 예수는 몸으로 살신성인하여 그 희생적인 사랑의 모범을 보여주었습니다. 예수는 인류에게 하나님의 무조건적인 사랑을 보여주신 유일무이한 분이십니다.

다른 성인들과 다른 예수님의 이러한 비범성을 인정한다면 기독교야말로 궁극적인 종교임을 부인할 수 없을 것입니다.

토론 사항

1. 하나님을 떠난 인간의 비극에 대하여 말하여 보라.

   (하나님과 분리, 자연과의 분리, 이웃과의 분리, 자기 자신과의 분리)

2. 하나님을 떠난 인간은 외롭고 쓸쓸한 존재이다.

   지금 당신의 마음은 어떠한가?

4. 당신은 타종교를 어떻게 생각하는가? (불교, 유교 등)

5. 당신은 기독교를 궁극적인 종교로 믿는가?

   그렇다면, 왜 그렇게 생각하는가?

   그렇지 않다면, 왜 그렇게 생각하는가?

2

Which Religion Is the Ultimate One?

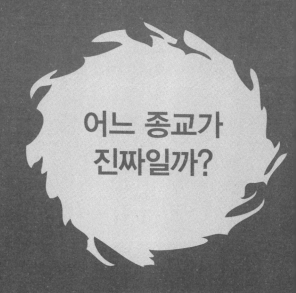

어느 종교가
진짜일까?

종교는 매우 다양합니다. 어떤 종교를 선택해야 하는 지 고민하는 사람들에게는 혼란스러울 수 있는 상황입니다. 그런데 융합의 관점에서 볼 때 모든 종교의 기원과 발전에는 유사한 점이 많다는 것을 알 수 있습니다.

유대교는 이스라엘 민족의 역사와 함께 독자적으로 발전하였지만, 기독교는 유대교에서 파생되었습니다. 그리고 유대교와 기독교와의 접촉을 통해서 발전된 종교가 이슬람교입니다. 힌두교는 인도 고유의 종교 사상들이 결합되어 만들어졌으며, 불교는 힌두교의 금욕적인 문화에 반응하면서 발전했습니다.

또한 주요 종교들로부터 파생된 분파 또는 이단 종파들이 있습니다. 이슬람교에서 바하이교가 나왔습니다. 기독교에는 몰몬교, 여호와의 증인, 크리스챤 사이언스가 있습니다. 개신교와 신유교와 불교를 혼합한 통일교도 있습니다. 또한 힌두교와 이슬람에서 나온 시이크교가 있습니다. 이외에도 한국 개신교에서 새롭게 발전된 이단 종파도 수없이 많습니다.

다양한 종교들은 서로간의 공통점과 차이점이 있습니다.

이러한 다양한 종교들의 기원은 서로 복잡하게 얽혀 있습니다. 그렇기 때문에 역사적으로 볼 때 그 어느 종교도 독자적으로 발생한 종교는 없습니다. 더군다나 매스컴이나 통신의 발달로 종교들 간에 서로 영향을 주고받을 수밖에 없는 현대와 같은 시대에는 더더욱 고립된 종교란 있을 수 없습니다.

역사적으로 볼 때 모든 종교들은 서로 영향을 주고받았습니다. 묵주를 사용하는 것은 불교에서부터 이슬람교와 가톨릭에 이르기까지 공통적입니다. 대다수의 종교 의식에서는 공통적으로 촛불과 향료가 사용됩니다. 힌두교도와 기독교인은 공통적으로 거룩한 떡을 먹습니다. 이슬람교와 힌두교, 그리고 시이크 교도들은 성소에 들어갈 때 신발을 벗습니다.

기독교와 힌두교는 신이 인간의 모습으로 나타났다는 공통된 교리를 믿습니다. 또한 유대교와 기독교는 "남에게 대접을 받고자 하는 대로 남을 대접하라."는 황금률을 그 중심사상으로 삼고 있다는 점에서 공통점을 찾을 수 있습니다. 유대교, 기독교 그리고 이슬람교는 한 분 하나님, 즉 유일신을 섬깁니다.

우리는 다른 종교를 인정할 수 없는가?

'왜 하나님은 특정 종교를 통해서만 구원을 베푸시는 것일까?' 라는 질문을 할 수도 있을 것입니다. 이러한 생각들은 종교다원주의, 배타주의 그리고 종교포괄주의라는 개념으로 분류해 볼 수 있습니다.

첫째, 모든 종교에 구원이 있다.(종교 다원주의)

우리는 "하나님은 다양한 민족들과 다양한 문화들 속에서 각각의 문화에 맞게 자신을 보여주어야 한다."는 생각을 할 수도 있습니다. 어느 종교든 간에 도덕적으로 올바르게 살다간 성자들이 있습니다. 이들은 하나님과 사람들을 위하여 선하고 의로운 삶을 살았던 사람들입니다. 사람들은 이러한 성자를 통해 인격의 감화를 받고 새로운 사람으로 변화됩니다. 이는 그들의 종교가 살아있다는 증거가 될 수도 있습니다.

그렇다면 신은 모든 사람들이 신을 알고 숭배하기를 원하기 때문에 특정시대나, 문화 그리고 특정종교에만 자신의 구원을 제한시키지 않을 것이라는 생각을 할 수 있습니다. 결국 이러한 추측은 우리로 하여금 종교다원주의로 이끕니다. 종교다원주의는 다른 종교에게도 구원이 있을 가능성을 인정하는 것입니다.

종교다원주의의 입장은 '시각장애인과 코끼리' 라는 잘 알려진 이야기를 통해 쉽게 이해할 수 있습니다.

코끼리를 한 번도 본적이 없는 시각장애자들에게 코끼리 한 마리를 끌고 갑니다. 한 시각장애자는 다리를 만져보고서 코끼리는 매우 큰 살아있는 기둥이라고 말합니다. 다른 사람은 몸통을 만져보고서 코끼리는 매우 큰 뱀이라고 말했습니다. 또 다른 사람은 코끼리의 상아를 만져보고서 코끼리는 날카로운 모습이라고 말했습니다.

코끼리에 대한 시각장애자들의 다양한 주장은 그 각각 모두 옳습니다. 그러나 이들은 단지 코끼리의 일면만을 말했을 뿐입니다. 이러한 편협한 주장이 나오게 된 이유는 시각장애자들에게는 코끼리를 전체적으로 바라볼 수 있는 시야가 없기 때문입니다.

종교다원주의자들은 자신의 종교만 구원을 받을 수 있다고 주장하는 종교 배타주의가 발생하는 이유는 각 민족과 종족이 특정의 역사와 문화에 너무나 깊숙이 길들여져 있기 때문이라고 말합니다. 이러한 종교다원주의는 문화적 상대주의를 그 바탕에 깔고 있습니다. 문화적 상대주의란 하나의 문화만을 절대적으로 볼 것이 아니라 서로 입장을 상대적으로 보아야 한다는 입장입니다.

종교 다원주의자들은 하나님이 예수에게서 성육신되었고, 오직 예수를 통해서만 하나님이 계시된다는 주장을 부정합니다. 이들은 진정한 종교는 인격의 변화라고 주장합니다. 종교가 각 개인의 인격을 변화시키는데 성공한다면 그 종교는 참이라고 주장합니다. 종교다원주의 입장에서 종교의 의의는 신 중심적인 삶에서 개인중심적인 삶으로 변화되는데 있습니다. 서로 다른 종교적인 믿음들은 인격 변화의 수단으로 중요할 뿐이지 그 믿음 자체가 절대적으로 중요한 것은 아니라고 봅니다. 이러한 다원주의적 입장은 언뜻 보기에 매우 매력적입니다. 다른 종교를 인정하면서 그 종교의 좋은 점들을 수용할 수 있습니다. 불필요한 종교적 갈등이나 이로 인한 민족 간의 분쟁을 막을 수도 있습니다.

그러나 신보다 인격을 우선시 한다는 점에서 종교 다원주의는 공산주의의 유물론적 무신론과 별 차이가 없습니다. 또한 어떤 종교든지 다 인정하는 종교 다원주의는 하나님과 자연을 동일시하는 범신론과도 상당한 유사점이 있다고 볼 수 있습니다. 결국 종교다원주의는 하나님이 어떤 분인가에 대해서 분명하게 제시하지 못할 뿐만 아니라 결과적으로 하나님의 살아계심조차도 부정하는 불신앙의 일종입니다.

종교 다원주의적 입장에서는 독실하고도 배타적인 신앙을 버리는 것이 옳습니다. 종교 다원주의자는 기독교의 진실성을 무조건 의심하고 보는 회의주의적 입장을 취합니다. 독실하게 신앙생활을 하는 종교인의 경우에 이런 종교 다원주의는 매우 거북하고 대하기 껄끄러운 이론일 것입니다. 그렇다고 해서 기독교인들이 무조건적으로 다원주의적인 통찰을 거부할 수만은 없습니다. 다원주의적인 입장이 없이는 다른 종교인들과 대화를 할 수 없기 때문입니다.

이제 두 번째로 배타적인 종교들의 특성을 살펴보겠습니다.

비록 다른 종교들이 아무리 경건하고 도덕적이라도 그들의 종교를 통해서는 결단코 구원을 얻지 못한다고 생각하는 관점이 종교 배타주의입니다. 이러한 배타적인 종교관을 갖고 있는 사람들은 전도와 선교에 대한 열정이 뜨겁습니다. 배타적인 종교들의 특징은 참된 구원은 오직 신의 은총에 의해서만 이루어진다고 주장한다는 점입니다. 자신들을 구원하려는 인간적인 시도들은 반드시 실패할 것이고 진정한 구원은 신의 전능하시고 주권적인 능력에 의해 달성되는 것이라고 말합니다.

기독교는 배타적인 종교들 중의 하나입니다.

기독교에서는 예수님을 통해서만 하나님의 참된 계시가 이루어진다고 주장합니다. 예수를 통하지 않고는 하나님을 알 수도 없고, 만날 수도 없다고 주장합니다.

"예수님 외에는, 다른 어떤 이에게서도 구원을 받을 수 없습니다. 하나님께서는 온 세상에 우리가 구원 받을 만한 다른 이름을 주신 적이 없습니다."(행 4:12)

기독교는 하나님이 예수 그리스도를 통해서 우리에게 특별

하게 진리를 보여주시고, 우리가 하나님과 화해하고 하나가 될 수 있는 길을 열어주셨다고 믿습니다.

기독교는 계시의 종교입니다. 다시 말해 기독교의 배타주의는 단순히 이기주의에 기초한 것이 아니라는 것입니다. 기독교의 배타주의는 계시된 말씀에 근거한 것입니다. 예수 그리스도는 바로 하나님의 특별 계시인 것입니다. 예수를 통하지 않고는 그 누구도 하나님께 나아갈 수 없습니다.

예수께서 대답하셨습니다. "내가 바로 그 길이요, 진리요, 생명이다. 나를 통하지 않고는 아버지께로 올 사람이 없다." (요 14:6)

기독교의 신앙에서 볼 때, 다른 종교들은 인간이 하나님께 나아가려고 하는 불가능한 시도일 뿐입니다. 반면에 기독교는 하나님이 인간을 찾아오신 특별한 종교입니다.

그러나 기독교만이 다른 종교에 대하여 배타적인 성향을 갖고 있지는 않습니다. 배타적인 종교들은 자신들의 종교 지도자나 창시자를 하나님의 유일한 계시자로 봅니다. 기독교에서는 예수, 이슬람교에서는 마호메트, 불교에서는 석가모니를 하나님의 계시자 또는 중보자로 주장합니다. 각각의 종교는 하나님이 그 종교의 창시자를 통해서 나타났다고 믿는 것입니다.

그렇다면 배타적인 신앙을 유지하면서도 다른 종교의 진실성을 인정할 수는 없을까? 그 해답은 종교포괄주의에 있습니다. 종교포괄주의자들은 구원이 오직 한 종교를 통해서 이루어진다고 보는 점에서 종교다원주의자들과는 다릅니다. 오히려 종교배타주의에 가깝습니다. 그러나 종교포괄주의는 종교배타주의의 한계를 넘어선다는 점에서 그 차이가 있습니다. 포괄주의는 한 종교의 절대적인 진리를 옹호하는 배타적인 입장을 취하지만 다른 종교인들도 자신의 종교로 인해 구원될 수 있음을 주장합니다. 즉 기독교의 입장에서 보면, 예수만이 유일한 구원자이시지만 예수는 다른 종교의 사람들조차도 구원하시는 보편적인 구원자라는 것입니다. 결국 종교포괄주의는 배타주의와 다원주의의 혼합입니다.

가톨릭의 유명한 신학자인 칼 라너(1904-1984)가 바로 종교포괄주의의 대표자입니다. 그는 예수 그리스도만이 하나님의 유일한 계시임을 주장합니다. 또한 오직 예수를 통해서만 우리가 구원받을 수 있음을 주장합니다. 하지만 그는 모든 사람들이 구원받기를 하나님이 원하신다는 사실을 강조합니다.

라너는 예수의 속죄와 구원사역을 온 인류를 위한 역사적이고 객관적인 사건으로 받아들입니다. 그에 의하면 하나님은 예수의 구원사역의 결과를 온 인류에게 적용하신다는 것입니다. 심지어 예수에 대해 전혀 들어보지도 못한 이교도나 타종교인들 조차도 예수 그리스도를 통한 하나님의 구원에 적용된다는 것입니다. 결국 예수 그리스도의 십자가의 희생과 죽음은 죄 가운데 있는 온 인류를 구원하기 위한 하나님의 속죄행위였다는 것입니다. 하나님은 예수의 이름을 듣고 그를 믿는 사람들에게만 구원을 베푸시는 그러한 편협하고 불공평한 하나님이 아니라는 것입니다.

라너는 바로 공의와 사랑의 하나님을 강조하는 것입니다. 그의 포괄주의는 보편구원론 혹은 만인구원론이라고 불립니다. 기독교신앙 이전에 살았던 많은 이스라엘 사람들 그리고 다른 종교들을 신봉했던 사람들에 대해서도 예수의 속죄사역이 적용이 된다는 것입니다. 또한 기독교의 복음을 들어보지 못한 현재의 타문화권 사람들도 마찬가지로 구원을 받는다는 것입니다.

그러므로 예수 그리스도의 구원사건은 타락한 온 인류를 위하여 베푸신 하나님의 객관적이고 역사적이며 보편적인 구원 행위인 것입니다. 그러므로 라너는 예수를 믿지 않는 타 종교인들을 '익명의 기독교인들'이라고 부릅니다. 기독교에 대한 배타적인 신앙을 유지하면서도 다른 종교를 믿는 사람들에게도 구원의 가능성을 제시하는 종교포괄주의는 관대하면서도 매력적인 신앙으로 보입니다.

종교 포괄주의의 문제점은 무엇인가?

그러나 독실한 기독교인들로서는 종교포괄주의가 각 개인의 주관적인 믿음을 지나치게 간과하고 있다는 점에서 비판하지 않을 수 없습니다. 성경은 예수님에 대한 주관적이고 개인적인 신앙고백만이 각자의 영혼을 구원한다는 점을 분명히 말하고 있습니다.

성경은 "여러분은 마음으로 믿어 의롭다 함을 얻으며, 입으로 고백하여 구원을 얻습니다."(롬10:10)라는 말씀을 통해서 각자의 개인적인 믿음이 자신의 영혼을 구원할 수 있다는 사실을 보여줍니다.

또한 종교포괄주의는 종교적 열심을 약화시킨다는 점에 문제점이 있습니다. 어느 종교를 믿든지 간에 예수를 통한 하나님의 구원이 온 인류를 위해 성취되었다면 기독교라는 특정종교에 대한 열심과 열정을 가질 필요가 없는 것입니다.

틸리히의 말대로 종교가 궁극적인 관심에 사로잡힌 상태라면, 우리는 우리를 죄에서 용서해주시는 예수 그리스도에 대한 관심에 사로잡혀야 합니다. 종교는 우리의 일상과 함께하는 문화의 일부가 되어야만 합니다. 즉 구원을 받기 위해서는 개인의 삶과 모든 민족의 문화는 무엇인가 궁극적인 것에 사로잡혀 있어야만 합니다. 그러나 종교다원주의와 포괄주의는 우리로 하여금 종교에 대한 관심이나 열정을 떨어뜨립니다.

종교다원주의는 어쩌면 신앙과 무관한 인간적인 삶을 권장하는 것 같습니다. 또한 종교포괄주의는 종교에 대한 개인적인 관심이나 열정을 빼앗기 때문에 결과적으로 우리로 하여금 예수 그리스도를 향한 개인적인 헌신과 사후에 있을 마지막 심판에 대한 소망을 사라지게 만듭니다.

결코 양보할 수 없는 기독교의 신앙

기독교는 결단코 자신의 배타적인 신앙을 양보할 수 없습니다.

우리 기독교인들로서는 다시 배타적인 기독교 신앙으로 돌아오지 않을 수 없습니다. 구원은 오직 예수 그리스도를 통해서만 이루어진다는 믿음으로 말입니다. 예수 그리스도는 하나님의 유일한 계시이고, 그를 통해서만이 하나님을 만날 수 있다는 신앙을 꼭 붙잡는 것입니다. 이것은 기독교인들의 불필요한 고집이 아니라 "내가 바로 그 길이요, 진리요, 생명이다. 나를 통하지 않고는 아버지께로 올 사람이 없다(요 14:6)."라는 성경의 분명한 선언을 믿는 것입니다.

비록 예수 그리스도의 동정녀 탄생, 부활과 같은 신화적인 사건들이 과학적으로 검증이 되지 않더라도 예수를 개인적으로 만난 사람들은 결단코 그를 부인할 수 없습니다.

"내 양은 나의 음성을 듣고, 나도 내 양을 안다. 내 양은 나를 따른다."(요 10:27)

예수를 알지 못하고 예수를 핍박하던 유대인 바울은 예수를 만난 이후로 그를 위해 일생을 바치는 선교사가 되었습니다. (행 22:4-8) 예수를 만난 사람들에게 있어 예수는 그들의 운명을 걸어야 할 궁극적인 분이십니다.

종교는 단순한 인격의 변화만이 그 내용이 아닙니다. 종교는 신앙인의 운명을 거는 것입니다. "나를 따르라"는 예수님의 말씀은 우리 기독교 신앙의 핵심입니다. 기독교 신앙은 예수를 개인적으로 믿고 따르면서 자신의 운명까지도 맡기는 것입니다. 종교가 궁극적인 관심에 사로잡힌 상태라면, 궁극적 관심의 대상으로서의 궁극적 존재는 바로 예수 그리스도입니다. 예수를 개인적으로 만나고 체험한 사람들에게는 예수에 대한 신앙은 절대적인 것입니다.

유일한 길이신 예수님

복음주의 기독교 사상가 존 스토트에 의하면, 성서를 통해 예수의 생애를 고찰하게 될 때 예수에 대한 3종류의 견해를 가지게 된다고 합니다.

첫째는 예수가 정신병자일 가능성입니다.

만약 예수가 정신병자였다면, 그는 자신이 정말로 하나님의 아들이라고 스스로 믿었고 또한 그것을 자신의 제자들에게 가르쳤을 것입니다.

둘째는 그가 위대한 종교 사기꾼일 가능성입니다.

만일 예수가 종교 사기꾼이었다면, 그는 자신이 하나님의 아들이 아니라는 사실을 알면서도 자신을 속인 것이고 또한 자신의 제자들을 속인 것입니다. 그렇다면 그는 유대교에서 나온 이단 사이비 교주가 되는 것이지요.

셋째로 예수가 진실로 하나님의 아들일 가능성입니다.

만약 예수님이 정말 하나님의 아들이라면, 기독교는 참된 종교이며 성경에 나타난 모든 초자연적인 기록들은 우리가 믿고 따라야 할 진리가 되겠지요.

인도의 성자 썬다 싱은 1889년 9월 3일에 인도에서 대지주의 아들로 태어났습니다. 그의 어머니는 독실한 힌두교도였으며 썬다 싱이 14살 되는 해에 죽었습니다. 그녀는 죽기 전에 썬다 싱에게 훌륭한 종교가가 되라고 유언을 했습니다. 그는 15세에 이미 어려운 철학이나 종교서적을 섭렵했으나 인생의 심오한 진리를 터득할 수는 없었고 그로 인해 심각한 고민에 빠지기 시작했습니다. 그는 당시에 기독교 학교를 다니고 있었는데, 힌두교는 물론 기독교에서도 자신의 고민을 해결할 수 없음을 깨닫고, 1904년 12월 18일에 기독교에 관련된 성경과 서적들은 모조리 불태워 버렸습니다.

그는 허무와 절망 속에서 주체할 수 없는 자신을 발견하고 자살을 하기로 마음먹었습니다. 그래서 새벽 5시에 지나가는 급행열차에 몸을 던지려고 철로 변으로 나갔습니다. 그리고 속으로 외쳤습니다.

"힌두교의 신이든 기독교의 신이든 내가 어떻게 하면 좋을지 대답해 주시오!" 이때에 극적으로 그리고 기적적으로 예수님께서 나타나셨습니다. 그리고 이렇게 말씀하셨다고 합니다.

"어째서 나를 핍박하느냐, 나는 너를 위하여 십자가를 졌다.

이젠 네가 나를 위하여 십자가를 질 때다."

이렇게 해서 그는 살아도 주를 위해 살고 죽어도 주님을 위해 죽겠다는 결단을 하게 되었습니다. 그 후로 그는 예수의 복음을 전하는 세계적인 전도자가 되었습니다.

예수라는 인간을 하나님의 아들로 고백하는 기독교는 철학적이고 과학적인 시각에서 받아들이거나 이해하기가 어려운 종교일 것입니다. 그러나 예수를 만난 사람들은 그를 통해 하나님을 경험하며 영생을 소유하게 됩니다. 그래서 기독교인들은 예수라는 청년에게 자신들의 운명을 거는 것입니다. 마태복음은 예수를 믿는 것을 감춰진 보화의 비유로 설명합니다.

"천국은 마치 밭에 감추어진 보화와 같으니 사람이 이를 발견한 후 숨겨두고 기뻐하여 돌아가서 자기의 소유를 다 팔아 그 밭을 샀느니라."

하나님의 존재는 인간이 증명할 수도 없고 또한 알 수도 없다는 것이 현대철학의 결론입니다. 이런 면에서 예수를 하나님의 아들로 고백하는 기독교는 정말 이성적으로 납득하기가 어려운 신앙입니다. 그래서 "나는 이해하기 위해서 믿는다."라는 어거스틴의 명언이 기독교 신앙을 가장 역설적으로 설명한다고 볼 수 있습니다. 예수에 대한 신앙은 이성적으로 도저히 이해할 수 없지만 믿고 나면 이해가 된다는 것이지요. 결과적으로 보면, 하나님을 이해하는 것은 예수를 믿고 난 후에 자연스럽게 따라오는 결과 혹은 선물인 것입니다.

기독교는 하나님이 인간에게 직접 찾아오셔서 자신을 보여주신 계시의 종교입니다. 우리 기독교인들은 예수 그리스도를 통해 하나님을 만나게 되고, 이로 인해 영생을 선물로 받게 됩니다. 그래서 또한 기독교는 체험의 종교입니다.

혼란한 시대에 분명한 하나님의 약속의 말씀을 붙잡으십시오. 성경은 선언합니다.

"다른 이로서는 구원을 얻을 수 없나니 천하 인간에 구원을 얻을만한 다른 이름을 우리에게 주신 일이 없음이니라" (행 4:12)

1. 이 세상에는 다양한 종교들이 있다.

   이러한 종교들 간의 공통점과 차이점을 나눠보라.

2. 현대사회는 종교 다원주의가 호소력을 발휘하는 시기이다.

   종교 다원주의는 무엇인가?

   그리고 종교 다원주의의 문제점은 무엇인가?

3. 종교 포괄주의는 무엇인가?

   그리고 종교 포괄주의의 문제점은 무엇인가?

4. 종교 배타주의는 무엇인가?

그리고 종교 배타주의의 문제점은 무엇인가?

5. 종교 다원주의 시대를 맞아 과연 기독교가 배타적인 신앙을

포기해야 할 것인가? 그렇다면 그 이유는 무엇인가?

아니면 생명을 걸고서라도 배타적인 신앙을 지켜야 하는가?

그렇다면 그 이유는 무엇인가?

어느 종교가
진짜 일까 ?

예수께서 이르시되 내가 곧 길이요 진리요 생명이니 나로 말미암지 않고는

아버지께로 올 자가 없느니라 (요한복음 14: 6)

Jesus answered, "I am the way and the truth and the life. No one comes to the

Father except through me.